CARTA 5

La misión de los laicos
cristianos en la educación

JOSEMARÍA ESCRIVÁ DE BALAGUER

CARTA 5
La misión de los laicos cristianos en la educación

Edición preparada por
LUIS CANO

EDICIONES RIALP
MADRID

© 2024 *by* Scriptor S. A.,
EDICIONES RIALP, S. A.,
Manuel Uribe 13-15, 28033 Madrid
(www.rialp.com)

Preimpresión: www.produccioneditorial.com

ISBN: 978-84-321-6677-8
Depósito legal: M-1475-2024

Impreso en España   *Printed in Spain*
Anzos, S. L. - Fuenlabrada (Madrid)

ÍNDICE

Nota del editor 9

Carta 5 23

   Valor apostólico del trabajo profesional 27

   La educación cristiana 32

   *Actividades de enseñanza promovidas
   por la Obra* 37

   Características de las obras corporativas 45

   La formación de los alumnos 50

   Las Residencias universitarias 57

   *Conclusión: eficacia del apostolado
   en el campo de la enseñanza* 62

Glosario 65

NOTA DEL EDITOR

Las *Cartas*, como la que aquí presentamos, son un conjunto de escritos de gran valor para conocer el mensaje del Opus Dei y la biografía de su fundador. No son misivas de su epistolario sino escritos destinados a los hombres y mujeres del Opus Dei de todos los tiempos. Es decir, se redactaron pensando en la posteridad, no en un momento histórico determinado[1].

Los temas que aparecen en la *Carta* número 5 giran en torno a una cuestión de vital

---

[1] Para conocer más detalles sobre la naturaleza e historia de estos documentos, remitimos a la amplia *Introducción general* del primer volumen de *Cartas* de la Colección de Obras completas de san Josemaría, publicado por Rialp: Josemaría ESCRIVÁ DE BALAGUER, *Cartas* (I), edición crítica y anotada, preparada por Luis CANO, Colección de Obras Completas de Josemaría Escrivá, Madrid, Rialp, 2020, pp. 3-32.

importancia para la Iglesia y que acabaría por representar la actividad principal de muchas labores apostólicas impulsadas por el Opus Dei: el campo de la educación y la enseñanza, a sus diversos niveles. El contenido abarca también la misión de los laicos cristianos en la enseñanza oficial pública o privada en general.

Esta *Carta* apareció en enero de 1966, en un momento de gran expansión de obras colectivas del Opus Dei, relacionadas con el mundo de la instrucción o la educación en sentido amplio. Veamos algo más sobre su historia.

Como en la mayoría de las *Cartas* de san Josemaría, no hay casi datos sobre su proceso de composición. Sabemos que está fechada en 1939 y que, al menos, añadió una frase en 1948 —porque así lo afirma en el n.º 10—, y que en enero de 1966 salió su primera edición impresa, que se envió enseguida a las diversas circunscripciones territoriales del Opus Dei[2].

La fecha recuerda el undécimo aniversario de la fundación del Opus Dei, el 2 de octubre de 1939. Ese año estuvo caracterizado por la reconstrucción de los elementos humanos y materiales de la Obra después de la guerra civil española. San Josemaría y los que con él estaban

---

[2] Nota 23/65 (nv), del 21 de enero de 1966, en AGP, serie E.1.3, 244-3.

tenían que recomenzar las diversas tareas apostólicas, entre otras las que se habían desarrollado
en DYA, la residencia universitaria de la calle Fe-
rraz. Ya en ese verano pusieron en marcha una
residencia en la calle Jenner, pues DYA había
quedado destruida tras el conflicto[3]. En el mes
de septiembre salió a la luz *Camino*, un libro que
jugaría un papel importante en la expansión del
Opus Dei, a partir de 1939[4].

Sin embargo, frente a lo que se podría es-
perar, no hay en el texto ninguna mención a esas
importantes circunstancias, que ocupaban inten-
samente al Fundador en 1939. Solo se habla de
las residencias universitarias en las últimas páginas.

San Josemaría quiere tratar en esta *carta* de
la educación en sentido amplio, partiendo de la
enseñanza primaria y secundaria. No sabemos si
en 1939 pensaba en algún proyecto de este tipo.
Es plausible, de todos modos, que ya en ese año
deseara promover algún colegio de enseñanza
media, en un futuro más o menos lejano. En

---

[3] Cfr. Onésimo DÍAZ, *Posguerra. La primera expansión
del Opus Dei durante los años 1939 y 1940*, Madrid, Rialp,
2018, pp. 113-120.

[4] Cfr. Josemaría ESCRIVÁ DE BALAGUER, *Camino*, edi-
ción crítico-histórica preparada por Pedro RODRÍGUEZ,
Colección de Obras Completas de Josemaría Escrivá,
Madrid, Rialp, 2004, 3.ª ed., p. 112.

España acababan de ser derogadas las restricciones de la legislación laicista republicana y también había cesado la persecución anticatólica de la Guerra civil. Las órdenes y congregaciones religiosas estaban recuperando sus colegios, y lo mismo hacían las diócesis y otras instituciones católicas. Se necesitaba cubrir un amplio número de vacantes en la enseñanza, fruto de las depuraciones políticas y ejecuciones en uno y otro bando. Es posible que, en ese contexto, san Josemaría quisiera proporcionar unos criterios acerca de la misión de los miembros del Opus Dei en ese campo y tal vez empezó a tomar notas en vistas de una posible *carta*, que pudo terminar solo años más tarde.

Las primeras noticias ciertas acerca de un interés de san Josemaría por fundar algún colegio de enseñanza media datan de varios años más tarde, entre 1946 y 1947[5]. Al principio pensó ubicarlo en Santander, pero después los acontecimientos favorecieron que naciera en Leioa, población cercana a Bilbao. Nos referimos al Colegio Gaztelueta, la primera obra corporativa del Opus Dei de este tipo, que abrió sus puertas en 1951[6].

---

[5] Cfr. RAMÓN Pomar, "San Josemaría y la promoción del Colegio Gaztelueta", *Studia et Documenta* 4 (2010), p. 114.

[6] Sobre la historia de este colegio, ver Ramón POMAR, *Gaztelueta, un estilo educativo*, Las Arenas, Fundación

En la *Carta*, san Josemaría desea transmitir una idea fundamental: los laicos deben asumir la responsabilidad de promover colegios de ideario cristiano, donde se lleve a cabo una labor profesional y humana, con espíritu laical y libre, con los brazos abiertos a todos. Quiere que los laicos se movilicen para hacer surgir desde la base estas iniciativas tan trascendentales para la Iglesia. Que abandonen la pasividad y falta de iniciativa que históricamente han debido suplir la jerarquía y las órdenes y congregaciones religiosas.

Además, insiste en que conviene trabajar en la enseñanza pública, donde seglares bien formados pueden realizar una labor profesional y apostólica de gran calado. Es esto lo más propio de los miembros de la Obra: trabajar codo a codo con sus iguales, en un ambiente secular.

La aparición de los primeros colegios promovidos por personas del Opus Dei responde a varios motivos. En primer lugar, la experiencia educativa de las residencias había sido muy buena, pero no se había logrado llegar a las familias de los estudiantes, algo que era muy importante para el Fundador. En un colegio sería más fácil conseguirlo, pues allí sería posible que los padres

---

Gaztelueta, 1997, además del artículo de *Studia et Documenta* que acabamos de citar.

ejercieran la primaria responsabilidad y el derecho humano fundamental de escoger y promover la educación de sus hijos, de acuerdo con sus
convicciones. De este modo, el colegio sería una
prolongación del hogar.

Otro argumento de peso fue que con estos colegios se irían formando profesionalmente
grupos de seglares en el campo educativo, do-
tados del estilo secular del Opus Dei, del que
habla en esta *Carta*[7].

Después de la aprobación definitiva del
Opus Dei, en 1950, surgirá el colegio Gaztelueta
que ya hemos mencionado y poco a poco varios
más, como el Instituto Chapultepec (1956) en
México, Tajamar (1958) y Guadalaviar (1959) en
España. Este tipo de centros docentes serían relativamente pocos hasta que un grupo de padres
de familia viajó a Roma, en 1962, para transmitir
al Fundador su preocupación por la educación
de los propios hijos. San Josemaría animó a es-
tablecer algunos colegios y, poco a poco, fueron
apareciendo en diversos países[8]. Algunos serían

---

[7] Cfr. Ramón POMAR, "San Josemaría y la promoción...", p. 118.

[8] Cfr. Madonna M. MURPHY, "Educación y enseñan-
za", en José Luis ILLANES (coord.), *Diccionario de San
Josemaría Escrivá de Balaguer*, Burgos, Editorial Monte
Carmelo, 2013, p. 363.

obras corporativas, es decir, el Opus Dei se res-
ponsabilizaría de su orientación espiritual y doctrinal, y otros no.

A lo largo del documento, san Josemaría
insiste varias veces en el carácter esencialmente
secular y laical de las actividades docentes de las
que el Opus Dei se hace garante moral. Llega
a afirmar que, siendo iniciativas profundamente
católicas y promovidas con una intención apostólica, son distintas de las que llevan adelante los
religiosos. Es más, desea evitar que lleguen a ser
asimiladas a esos centros docentes. Lo cual no
quita que tengan una profunda inspiración católica y que sigan las orientaciones del Magisterio
de la Iglesia en materia de enseñanza.

¿Qué razón tenía para actuar así? San Josemaría conocía bien la calidad educativa de
tantas de esas instituciones, que gozaban —en-
tonces y ahora— de un merecido prestigio y de
una alta calidad docente. Por eso, cuando habla
de que el trabajo que realizarán los miembros de
la Obra en los diversos colegios es una labor es-
trictamente profesional, no lo hace —en nuestra
opinión— porque piense que en algunos centros
educativos falta profesionalidad y una adecuada
preparación en los profesores. El motivo es otro,
como se deduce del texto: se relaciona con un
principio clave que san Josemaría quiere transmitir en esta *Carta*.

Nos referimos a su convicción de que estas obras apostólicas deben nacer y desarrollarse desde abajo, desde la base, como ya hemos dicho. Son los fieles laicos quienes deben llevarlas a cabo, con la responsabilidad que se deriva de su vocación al servicio de la Iglesia y de la sociedad. Quiere que haya padres de familia capaces de transmitir su fe y su estilo de vida a los propios hijos, organizándose con autonomía y libertad, como hacen los demás ciudadanos para defender causas que consideran nobles. Es misión suya fundar colegios donde sus hijos puedan ser educados como Dios quiere y ellos desean.

El deseo de no confundirse con las escuelas promovidas por la jerarquía o por los religiosos no obedece, pues, a un deseo de singularizarse o de evitar toda colaboración. Se ve por el texto que no es así. Responde a lo que venimos diciendo hasta ahora, a la intención de crear escuelas que no sean confesionales. Ser englobados dentro del conjunto de "colegios católicos" terminaría por privarles de la laicidad que los caracteriza y a la larga terminaría por anular el espíritu de iniciativa de los seglares que los deben promover.

Esa toma de conciencia de la propia responsabilidad de los padres católicos en el campo educativo ha tenido efectos muy importantes en el ámbito del Opus Dei. La mayoría de las obras apostólicas promovidas por miembros de la Obra son centros de enseñanza o relacionadas con la educación. Como puede verse por los datos que proporcionaba John Allen, en 2005, el 41 % son colegios de enseñanza media; el 27 % son residencias universitarias; el 25,5 % son escuelas de capacitación técnica o agrícola, y el restante 6,4 % se distribuye entre universidades, escuelas de negocios y hospitales (casi siempre universitarios)[9]. Habría que añadir las numerosas iniciativas a favor de la educación del tiempo libre de la infancia y de la adolescencia que se llevan a cabo en centros juveniles de todo el mundo. Y el trabajo que tantos miembros, a título personal, desarrollan en la enseñanza pública o privada no vinculada con el Opus Dei.

Es fácil suponer el esfuerzo y los recursos que el Opus Dei y sus miembros ponen al servicio de esta gran actividad educativa y de promoción humana, realizada a menudo en países que se encuentran en vías de desarrollo o que presentan carencias en este sector, desde América a Oceanía, desde África a Asia o Europa.

Al mismo tiempo, san Josemaría era consciente de que este modo de pensar y de actuar responsable de los laicos, que propugnaba, era un bien para toda la Iglesia. La renovación en

---

[9] Cfr. John L. ALLEN JR., *Opus Dei. An Objective Look Behind the Myths,* New York, Doubleday, 2005, pp. 33-35.

la vida eclesial del laicado había estado dando
pasos a lo largo del siglo XX, pero esa responsabilidad en la edificación de la Iglesia y en la
inspiración cristiana de las cuestiones temporales, fue solemnemente ratificada por el Concilio
Vaticano II. Convencido, desde 1928, de que
el laicado puede ser una fuerza propulsora para
realizar la evangelización capilar que precisa el
mundo de hoy, Escrivá se concentra aquí en el
campo educativo, esencial en esa tarea, a la que
llama a ocuparse y a organizarse a los padres de
familia, que son los primeros responsables de la
formación de sus hijos.

La *Carta* comienza recordando el derecho y la libertad que la Iglesia tiene de enseñar
el camino de la salvación. Los seglares parti-
cipan de esa misión evangelizadora, por ser
«miembros vivos de la Iglesia de Dios» (§ 3)
y en el Opus Dei esa tarea se lleva a cabo por
medio del trabajo. Entre las profesiones más
importantes para el bien de la Iglesia y de la
sociedad, san Josemaría destaca las relacionadas con la enseñanza y la educación, de ahí su
interés en que haya «hombres y mujeres que
ejerzan esa profesión con mentalidad laical» (§
4), convirtiéndola en «un instrumento de progreso civil y un instrumento de santificación
para sí y para los demás» (§ 4). Este será el *leit
motiv* de buena parte de la *Carta*.

Alude a la necesidad de formar maestros y profesores laicos, con espíritu cristiano y competencia profesional, que estén presentes tanto en la enseñanza pública como en la no estatal (§§ 5-6). Este trabajo –explica Escrivá–, tiene alguna diferencia con la benemérita labor educativa que llevan a cabo los religiosos (§§ 7-9).

Después de estas primeras páginas, que tienen carácter introductorio, se detiene en uno de los principales temas que desea tocar: los centros de enseñanza que dirigirá el Opus Dei. Entre otras cosas, recuerda que el principal apostolado de sus miembros es el que se realiza en el propio trabajo. Explica que esos colegios no serán «reductos defensivos» (§ 11) y glosa algunas de sus características inspiradoras, especialmente la libertad.

Unas páginas más adelante volverá sobre este tema, explicando que esos centros serán relativamente pocos, y que la mayoría de los que trabajarán allí no serán del Opus Dei (§§ 17-18). También dará otras indicaciones (§§ 19-20), como evitar todo clasismo o discriminación; facilitar que personas de escasos recursos las puedan frecuentar, y procurar realizar un amplio apostolado. Además, dedica varias páginas a tratar de la educación de los estudiantes (§§ 21-22), en donde insiste en la necesidad de respetar y potenciar el ejercicio de su libertad y en la importancia de atender a sus familias. En varios momentos se referirá también al carácter no eclesiástico que tienen esos instrumentos (§§ 23-24).

A lo largo de la *Carta* aludirá también a «la inmensa labor apostólica» (§ 13) que podrán realizar los miembros del Opus Dei con su trabajo en los centros oficiales de enseñanza, para lo que necesitan prestigio profesional y sólida preparación, apertura y espíritu de servicio (§§ 13-16).

En una segunda parte (§§ 26-30) la *Carta* trata de las residencias universitarias, enumerando algunas de las principales características que han de tener: ambiente de familia, espíritu de libertad, clima de estudio intenso, entre otras.

CARTA 5

[Sobre la misión del Opus Dei y de los laicos cristianos en el campo de la educación y la enseñanza; también designada por el íncipit *Euntes ergo*, lleva la fecha del 2 de octubre de 1939 y fue enviada el 21 de enero de 1966].

Euntes ergo docete omnes gentes[1]; id y enseñad a todas las gentes. Veinte siglos lleva la Iglesia Santa de Jesucristo, fiel al mandato de su Fundador, cumpliendo su misión de enseñar a todos los hombres el camino de la Salvación, de la Verdad y de la Vida. Y ha experimentado siempre —a veces en periodos históricos de particular turbulencia— el cumplimiento de aquella promesa del Señor: *et ecce ego vobiscum sum omnibus diebus, usque ad consummationem saeculi*[2]; y yo estaré con vosotros continuamente, hasta la consumación del mundo.

Desde aquellos humildes comienzos, cuando los Apóstoles recibieron de Dios la misión de anunciar el Evangelio por toda la tierra, sumida en la obscuridad del error, se ha recorrido un largo sendero y, a pesar de la resistencia

---

[1] Mt 28,19.
[2] Mt 28,20.

que los hombres ponemos a la luz, podemos repetir con alegría aquellas palabras de la Escritura: *¿no está ahí, clamando, la sabiduría y dando gritos la inteligencia? Se para en los altos cabezos, junto a los caminos, en los cruces de las veredas; da voces en las puertas, en las entradas de la ciudad, en los umbrales de las casas*[3].

Pero aún es mucho lo que falta *para la perfección consumada de los santos, para la obra del ministerio, para la edificación del cuerpo de Cristo, hasta que todos alcancemos la unidad de la fe y del conocimiento del Hijo de Dios, como varones perfectos, a la medida de la plenitud de Cristo*[4].

2 Con sobrenatural fortaleza ha debido la Iglesia no pocas veces exigir el respeto de su irrenunciable derecho a enseñar todo lo necesario, para el cumplimiento de su fin. *En el objeto propio de su misión educativa, es decir, en la fe y en la institución de las costumbres, el mismo Dios ha hecho a la Iglesia partícipe del divino magisterio..., y lleva en sí misma arraigado el derecho inviolable a la libertad de enseñar*[5]; para la salvación de las almas, para

---

[3] Pr 8,1-3.

[4] Ef 4,12-13.

[5] PÍO XI, enc. *Divini illius Magistri*, 31 de diciembre de 1929, AAS 22 (1930), p. 54. Cfr. LEÓN XIII, enc. *Libertas*, 20 de junio de 1888, ASS 20 (1887), pp. 593-613.

extender el Reino de Dios, para *renovar todas las cosas en Cristo*[6].

Misión propia y directa de la Jerarquía de la Iglesia es la enseñanza de todo lo que se refiere a nuestro último fin. Pero, como no puede ser radicalmente extraña a ese fin ninguna cosa que contribuya al bien de los hombres y de la sociedad civil, al cumplir la Iglesia jerárquica su misión, ha hecho sentir su influjo bienhechor en los más diversos órdenes de la vida y de la cultura humana. Y a la vez, todos los que rectamente trabajan en esos sectores de la actividad temporal, contribuyen de algún modo o pueden contribuir a la misión santificadora y redentora de la Iglesia.

Valor apostólico del trabajo profesional

De ahí que todos los cristianos, sin excepción, hayan de sentir la responsabilidad apostólica en el ejercicio de su trabajo profesional, cualquiera que sea: porque si esas actividades han sido dejadas a la libre iniciativa de los hombres, no quiere decir que hayan sido despojadas de su capacidad de cooperar de alguna manera en la obra de la Redención. *Lo que el alma es en el cuerpo, eso son en el mundo los cristianos. Extendida está el alma por*

---

[6] Ef 1,10.

*todos los miembros del cuerpo: y los cristianos, por las
ciudades del mundo. Ciertamente, el alma habita en el
cuerpo, pero no procede del cuerpo: como los cristianos
viven en el mundo, pero no son del mundo*[7].

3   Con esa misión hemos sido nosotros enviados,
para ser luz y fermento sobrenatural en todas
las actividades humanas. También, como fieles
cristianos, hemos oído el mandato de Cristo:
euntes ergo docete omnes gentes![8] No se trata de una
función delegada por la Jerarquía eclesiástica, de
una prolongación circunstancial de su misión
propia; sino de la misión específica de los seglares, en cuanto son miembros vivos de la Iglesia
de Dios.

Misión específica, que tiene para nosotros
–por voluntad divina– la fuerza y el auxilio de
una vocación peculiar: porque hemos sido lla-
mados a la Obra, para dar doctrina a todos los
hombres, haciendo un apostolado laical y secular, *por medio y en el ejercicio del trabajo profesional*
de cada uno, en las circunstancias personales y
sociales en que se encuentra, precisamente en el
ámbito de esas actividades temporales, dejadas a
la libre iniciativa de los hombres y a la responsabilidad personal de los cristianos.

---

[7] *A Diogneto*, 6 (SC 33, p. 65).
[8] Cfr. Mt 28,19.

Por eso quiero hoy hablaros, hijas e hijos queridísimos, de la necesidad urgente de que hombres y mujeres —con el espíritu de nuestra Obra— se hagan presentes en el campo secular de la enseñanza: profesión nobilísima y de la máxima importancia, para el bien de la Iglesia, que siempre ha tenido como enemigo principal la ignorancia; y también para la vida de la sociedad civil, porque *la justicia engrandece a las naciones; y el pecado es la miseria de los pueblos*[9]; porque *la bendición del justo ennoblece a la ciudad, y la boca del impío la abate*[10].

Es urgente, decía, formar buenos maestros y profesores, con una profunda preparación: con ciencia humana, con conocimientos pedagógicos, con doctrina católica y con virtudes personales, que —por sus propios méritos, por su esfuerzo profesional— lleguen prestigiosamente a todos los ambientes de la enseñanza.

4*

Hombres y mujeres que ejerzan esa profesión con mentalidad laical, con el convencimiento de que de ese trabajo profesional han de obtener el sustento propio y el de su familia, han

---

* Sobre el significado de la expresión "mentalidad laical", ver glosario (N. del E.).

[9] Pr 14,34.

[10] Pr 11,11.

de lograr el desarrollo de los talentos naturales que Dios les ha dado, han de cooperar eficazmente al bien de la humanidad, han de alcanzar la perfección cristiana y contribuir apostólicamente a la extensión del Reino de Jesucristo.

Hace falta, en una palabra, que haya muchos que sepan hacer de su profesión un instrumento de progreso civil y un instrumento de santificación para sí y para los demás, con abnegación, con espíritu de servicio y con ilusión humana; que, al ejercitar su noble tarea docente, en los más variados sectores de la ciencia, dirigidos por la fe, puedan repetir aquellas palabras de la Sabiduría: *sin engaño la aprendí y sin envidia la comunico, y a nadie escondo sus riquezas*[11].

5   Se podría decir, sin demasiada exageración, que el mundo vive de la mentira: y hace veinte siglos que vino a los hombres Jesucristo, el Verbo divino, que es la Verdad. *En Él estaba la vida, y la vida era la luz de los hombres. La luz luce en las tinieblas, pero las tinieblas no la recibieron... Era la luz verdadera que, viniendo a este mundo, ilumina a todo hombre. Estaba en el mundo, y por Él fue hecho el mundo, pero el mundo no le conoció. Vino a los suyos, pero los suyos no le recibieron. A cuantos le recibieron,*

---

[11] Sb 7,13.

a aquellos que creen en su nombre, les dio poder de lle-
gar a ser hijos de Dios [12].

Es preciso que seamos, en todos los ambientes, mensajeros de esa luz, de esa Verdad
divina que salva.

El error no solo obscurece las inteligencias,
sino que divide las voluntades. Solo cuando los
hombres se acostumbren a decir y a oír la verdad,
habrá comprensión y concordia. A eso vamos:
a trabajar por la Verdad sobrenatural de la fe,
sirviendo también lealmente todas las parciales
verdades humanas; a llenar de caridad y de luz
todos los caminos de la tierra: con constancia,
con competencia, sin desmayos ni omisiones,
aprovechando todas las oportunidades y todos
los medios lícitos para dar la doctrina de Jesucristo, precisamente en el ejercicio de la profesión
de cada uno.

Si esto vale para todos —nuestro apostolado se reduce a una catequesis—, vale —con
mayor razón aún— para los que se dedican a la
enseñanza: por eso es grande y hermosa la tarea docente, si saben ejercitarla con la oportuna
preparación científica y con un vibrante espíritu
apostólico, porque *el estudio se ordena a la ciencia,
y la ciencia sin caridad* infla, *por lo que produce disen-
siones.* Entre los soberbios —*está escrito*— siempre

---

[12] Jn 1,4-5,9-12.

hay disputas. *Pero la ciencia acompañada de caridad edifica y engendra la concordia*[13].

La educación cristiana

6 Hacen falta maestros y profesores que sepan enseñar perfectamente las ciencias y las artes humanas, infundiendo a la vez en el ánimo de sus alumnos un profundo sentido cristiano de la vida. *Puesto que la educación consiste esencialmente en la formación del hombre, tal como debe ser y como debe obrar en esta vida terrena, para conseguir el fin sublime para el que fue creado, es evidente que como no puede existir educación verdadera que no esté totalmente ordenada al fin último, así... no puede haber educación completa y perfecta si no es educación cristiana*[14].

No son suficientes unas clases de religión, como yuxtapuestas al resto de la enseñanza, para que la educación sea cristiana. Es indispensable que *la enseñanza misma de las letras y de las ciencias florezca en todo conforme a la fe católica, especialmente la filosofía, de la que depende en gran parte la recta dirección de las demás ciencias*[15].

---

[13] Santo TOMÁS DE AQUINO, *Summa Theologiae*, II-II, q. 188, a. 5 ad 2.

[14] PÍO XI, enc. *Divini illius Magistri*, p. 51.

[15] LEÓN XIII, enc. *Inscrutabili*, 21 de abril de 1878, ASS 10 (1877-1878), p. 590.

Ordenar toda la cultura a la salvación, iluminar todo conocimiento humano con la fe[16], formar cristianos llenos de optimismo y de empuje capaces de vivir en el mundo su aventura divina –*compossessores mundi, non erroris*[17]; poseedores del mundo, con los otros hombres, pero no del error–; cristianos decididos a fomentar, defender y amparar los intereses –los amores– de Cristo en la sociedad; que sepan distinguir la doctrina católica de lo simplemente opinable, y que en lo esencial procuren estar unidos y compactos; que amen la libertad y el consiguiente sentido de responsabilidad personal.

Hijas e hijos míos, esa maravillosa misión del maestro y del profesor es un verdadero y profundo apostolado, hoy especialmente necesario, por la extensión y el influjo de la equivocada enseñanza profana en la vida de los hombres, y para salvar y desarrollar ese ingente patrimonio de la cultura cristiana, que ha exigido siglos de esfuerzo.

Enseñar –os lo repito– es una profesión, una   7*
actividad laical y secular. Es, por tanto, lo que

---

* Sobre las diferencias entre la labor docente de los religiosos y la actividad de los miembros del Opus Dei, ver glosario (N. del E.).

[16] Cfr. Pío XI, enc. *Divini illius Magistri*, p. 77.

[17] Tertuliano, *De idololatria*, 14 (SVC 1, p. 50).

hemos de hacer nosotros algo muy distinto de la laudable labor que han desarrollado y desarrollan, desde hace siglos, Órdenes y Congregaciones religiosas —incluidas las que han nacido con el fin específico de ejercer el apostolado en el campo de la enseñanza—, porque lo suyo es una tarea eclesiástica, aun cuando se dirija en muchos casos a las ciencias profanas. *Los religiosos se entregan principalmente al estudio de la doctrina ordenada a la piedad*, afirma el Doctor Angélico. *Los demás estudios no son propios de los religiosos, cuya vida se ordena a los divinos ministerios, sino en cuanto se relacionan con la teología*[18].

Estos religiosos, con su actividad docente, no pretenden nunca ejercer una profesión, ni tienen propiamente —en la enseñanza— una función que cumplir en el orden civil. Si lo han hecho tantas veces, más allá de lo que exigía su vocación religiosa —con mucho fruto para la Iglesia, y para la misma sociedad civil— ha sido generalmente para llenar un vacío casi total, como en la Edad Media, o para oponer un dique a la descristianización de la cultura, como en la Edad Moderna y aún en nuestros tiempos. Es decir, han tenido que subsanar de alguna forma la ausencia de fieles cristianos que se ocupasen

---

[18] Santo TOMÁS DE AQUINO, *Summa Theologiae*, II-II, q. 188, a. 5 ad 3.

profesionalmente, con competencia y con buena formación religiosa, de ese aspecto tan delicado y trascendental de la vida de la sociedad: y así hacen, no una profesión –un trabajo– civil, sino un meritorio apostolado religioso.

Es una gran equivocación, fruto quizá de la mentalidad deformada de algunos, pretender que la enseñanza sea tarea exclusiva de los religiosos. Como lo es también pensar que sea un derecho exclusivo del Estado: primero, porque esto lesiona gravemente el derecho de los padres y de la Iglesia[19]; y además, porque la enseñanza es un sector, como muchos otros de la vida social, en el que los ciudadanos tienen derecho a ejercitar libremente su actividad, si lo desean y con las debidas garantías en orden al bien común.

8

Por otra parte, y como consecuencia de un movimiento anticatólico de proporciones universales, aunque diverso en sus formas, en los últimos siglos se viene alejando cada vez más a los religiosos del campo de la educación; y esto hace todavía más urgente y necesaria la formación de buenos profesionales cristianos, que se dediquen a la docencia.

Sin embargo, esta es solo una razón circunstancial y contingente: porque nosotros no

[19] Cfr. Pío XI, enc. *Divini illius Magistri*, p. 63.

sustituimos a los religiosos —como ya he dicho, es lo contrario lo que ha ocurrido—, no debemos y no podemos sustituirlos en sus actividades docentes. Su labor es fundamentalmente de carácter eclesiástico, cuando no suplente; y nuestra tarea en la enseñanza es un trabajo esencialmente profesional y secular.

Aunque no se diera ese motivo particular que he señalado —más: aunque, como sería de desear, los religiosos no encontraran obstáculo alguno para cumplir su misión, que nosotros vemos con alegría y cariño—, siempre sería necesario promover la formación de buenos maestros y profesores cristianos, que ejerzan ese trabajo profesional, como ciudadanos.

9   Por el mismo motivo —es decir, porque la actividad de esos religiosos es de carácter eclesiástico, y la nuestra es secular, profesional—, de ordinario no convendrá que trabajemos con los religiosos, y menos en centros dirigidos por ellos.

De esa forma, además, se evita con delicadeza que puedan darse inútiles incomprensiones —aunque sean pequeñas— sobre la conveniencia de seguir o no un determinado método pedagógico, sobre la labor apostólica que los profesores puedan hacer con sus propios alumnos, etc. Y principalmente se evita que gente desorientada nos tome por religiosos.

Serán, por tanto, los centros de enseñanza oficiales y los privados con prestigio —que no estén dirigidos por religiosos— los lugares donde tendremos que ejercitar esa profesión docente: prestando un servicio leal, con amplitud de miras, con espíritu de libertad y fomentando siempre la colaboración con otros centros.

Y tomaremos ocasión de ese trabajo profesional para hacer, con los maestros y con los profesores, con los alumnos y con las familias de los alumnos, ese eficacísimo apostolado personal de amistad y de confidencia, que nos exige nuestra vocación peculiar.

Actividades de enseñanza promovidas por la Obra

Habrá también centros de enseñanza de todos los niveles —desde la primaria hasta la universitaria— dirigidos por la Obra, es decir, como una actividad corporativa, de la que el Opus Dei se hace responsable. Pero las actividades *corporativas* de este género siempre serán menos en número que aquellas en las que trabajaremos: porque nuestro apostolado es sobre todo un apostolado personal; y porque no tenemos como fin crear instituciones de enseñanza.

Sin embargo, es necesario que tengamos también esas actividades: porque serán como puntos de apoyo, de irradiación de nuestro

10

espíritu en el ambiente de la juventud; lugares de formación profesional, para la docencia, de hermanos vuestros y de otras muchas personas que lo deseen y que, como consecuencia del influjo sobrenatural de nuestro espíritu, podrán también decir con el Salmista: *guíame en tu verdad y enséñame, porque Tú eres mi Dios, mi salvador, y en ti espero siempre*[20].

11   No serán nunca estos centros una especie de reductos defensivos; sino, por el contrario, un ejemplo manifiesto y concreto de espíritu abierto, de comprensión, y un modelo de colaboración científica, fuente de ayuda también para los centros oficiales y para los privados: porque la labor de formación del profesorado, que allí realizaremos, repercutirá en una mejora de la actividad didáctica en todos los demás centros.

Serán foco de iniciativas y de estudios, para promover un conocimiento más profundo de la pedagogía en todos sus aspectos, y una demostración práctica del modo de solucionar los problemas que en la labor docente se planteen.

12   Parte importante −de la tarea que hemos de realizar− es conseguir que, en todos los ambientes

---

[20] Sal 25[24],5.

de la enseñanza, se ame y se practique la libertad rectamente entendida. *La libertad de las familias* en primer lugar, para que puedan elegir con rectitud la escuela o los centros que juzguen más convenientes para la educación de sus hijos, ya que *la misma naturaleza da a los padres el derecho de educar a sus hijos, imponiéndoles al mismo tiempo el deber de que la educación y la enseñanza de la niñez corresponda y diga bien con el fin para el que el Cielo les dio hijos. A los padres toca, por consiguiente, tratar con todas sus fuerzas de rechazar cualquier atentado en este terreno, y de conseguir a toda costa que quede en sus manos el educar cristianamente, como conviene, a sus hijos* [21].

   La libertad de los centros: para que todos puedan desarrollar su actividad en igualdad de condiciones; para que puedan escoger como deseen el profesorado más apto, según el espíritu de cada institución, en beneficio de una labor más eficaz. *La libertad de los maestros* y de los profesores: para que puedan ejercer su profesión, con nobleza y competencia, sin injustas presiones de un monopolio de privilegiados; para que puedan estudiar y buscar sinceramente la verdad, sin estar condicionados por motivos de situación económica o social.

---

[21] León XIII, enc. *Sapientiae christianae*, 10 de enero de 1890, en ASS 22 (1889-1890), p. 403.

Y estrechamente unida a todas estas honestas libertades, *la libertad de los alumnos*, el derecho a que no se deforme su personalidad y no se anulen sus aptitudes, el derecho a recibir una formación sana, sin que se abuse de su docilidad natural para imponerles opiniones o criterios humanos de parte. Respetuosa actitud que *debe ser observada en cualquier manifestación doctrinal a los demás y, con obligación mucho más grave de justicia, en la enseñanza dada a la juventud, porque respecto a esta ningún maestro público o privado tiene derecho educativo absoluto, sino participado, y porque todo joven cristiano tiene estricto derecho a una enseñanza conforme a la doctrina de la Iglesia*[22].

Finalmente, la *libertad estudiantil universitaria*: para que puedan reunirse en grupos o asociaciones, en donde pueda madurar su formación humana, cultural y espiritual, que les permita una participación responsable —sin puerilidades y sin ser instrumentos de desorden— en la vida universitaria.

13* Pero, como ya he dicho, además de esos centros dirigidos por la Obra, pienso en esos otros, mucho más numerosos, que surgirán promovidos

---

* Sobre el significado de "centros dirigidos" y "colaboradores": ver glosario (N. del E.).

[22] Pío XI, enc. *Divini illius Magistri*, p. 68.

y dirigidos principalmente por colaboradores de nuestra acción apostólica, y que serán también instrumentos maravillosos para hacer llegar a muchísimas almas —a algunas desde la infancia— el espíritu divino de nuestro Opus Dei; focos que irradiarán con sobrenatural naturalidad la doctrina de Jesucristo, que ha dicho de sí mismo: *Yo soy la luz del mundo; el que me sigue no anda en tinieblas, sino que tendrá luz de vida*[23].

Y pienso, sobre todo, en la inmensa labor apostólica que muchos de vosotros realizaréis en todo el mundo, ocupando como ciudadanos —por derecho propio, con preparación y competencia personal— puestos docentes en los centros oficiales de enseñanza —que son hoy, en muchos países, si no los únicos, los más frecuentados y prestigiosos—, prestando un servicio leal al Estado y a toda la sociedad civil, contribuyendo eficazmente al progreso humano en todos los órdenes, haciendo del estudio y de la docencia —vuestro trabajo profesional— también un medio de santidad personal, de unión con Dios, de vida contemplativa: porque, *como a través de los efectos divinos podemos llegar a la contemplación del mismo Dios, según la enseñanza de San Pablo*: lo invisible de Dios puede ser conocido por medio de las cosas creadas, *también como elemento secundario*

---

[23] Jn 8,12.

pertenece a la vida contemplativa la contemplación de los efectos divinos, en cuanto su conocimiento empuja al hombre al conocimiento de Dios[24].

14 Sin embargo —dejadme que insista una vez más—, toda esa labor que nos espera en el campo de la enseñanza no podrá ser eficaz si no se apoya también en un sólido prestigio profesional. De ahí la obligación grave —de todos los que se dediquen a esta tarea— de poner los medios, para mejorar la propia formación científica y didáctica: con un estudio serio e intenso, con la preparación de publicaciones cuidadas y ricas de contenido, con la participación en congresos y reuniones de carácter local, nacional e internacional; con la oportuna dedicación a labores de investigación, etc.

Será deber de los Directores cuidar de que nunca desfallezca, en esos hermanos suyos, este empeño: animándoles, al hacerles ver las amplias perspectivas de apostolado que ofrece su trabajo profesional. Sueño con que haya pronto profesionales de prestigio ya logrado que, con cariño fraterno y con deseos de servicio, orienten y promuevan esa tarea de formación profesional, transmitiendo a los demás —con verdadera

---

[24] Santo TOMÁS DE AQUINO, *Summa Theologiae*, II-II, q. 180, a. 4 c.

humildad– su ciencia y su rica experiencia en este terreno, sabiendo descubrir y formar a quienes tengan condiciones para la enseñanza.

Deseo que, en cuanto lo permita el desarrollo de la labor apostólica, haya en todas las Regiones a donde vayamos una o más casas destinadas especialmente a los hijos míos –y lo mismo para la Sección femenina– que preparen concursos, oposiciones, exámenes, etc., para puestos docentes; casas que tengan el ambiente de estudio y la tranquilidad necesaria, con los medios idóneos para ese trabajo, con una completa información acerca de las bibliotecas públicas, y todo cuanto pueda facilitar esa preparación.

Sin embargo, insisto en que la Obra no constituirá jamás un grupo o escuela propia en el campo de las ciencias: mis hijos y mis hijas tendrán siempre la misma libertad que los demás fieles católicos, con la misma incondicionada adhesión a la doctrina de Jesucristo, tal como el Magisterio de la Iglesia la propone. *Si permanecéis en mi palabra, seréis en verdad discípulos míos y conoceréis la verdad, y la verdad os hará libres*[25].

También como los demás católicos –sus iguales, ante la Iglesia y ante el Estado– podrán mis hijos, y será conveniente que lo hagan,

15

---

[25] Jn 8,31-32.

constituir individualmente, a título personal, esos grupos o escuelas, siempre con el más pleno respeto a la libertad de sus alumnos y a las opiniones de los demás, y con la prudencia necesaria en todo lo que de algún modo haga relación a la fe o a las costumbres. He dicho que convendrá, porque es corriente que se haga; porque —aprovechando este modo de proceder tan habitual en la sociedad civil— será un medio más de apostolado; porque será manifestación de la libertad de que gozamos en Casa; y porque será un modo de contribuir al progreso de las ciencias.

16   Al dedicarse a esa labor de preparar a otros para la enseñanza, procurarán inculcarles el profundo convencimiento de que la profesión docente ha de ejercitarse con un abnegado espíritu de servicio, y que exige una dedicación plena; que deben contribuir a que en todos los ambientes de la enseñanza reine un clima de libertad, de comprensión, de recíproca estimación, de rectitud y de amor a la verdad. Les harán ver que tendrán a su vez el deber de formar a otros, con la alegría de que puedan llegar a ser mejores que ellos.

También aquí podríamos aplicar de algún modo aquellas palabras del Señor: *qui autem fecerit et docuerit, hic magnus vocabitur in regno caelorum*[26];

---

[26] Mt 5,19.

será, hijos míos, tenido por grande en el Cielo quien, además de procurar vivir con rectitud y con eficacia su propio trabajo, haya enseñado a otros, de modo que puedan empezar ventajosamente donde él ha terminado.

Características de las obras corporativas

Volvamos ahora a detenernos en la consideración de algunas características principales de esos centros de enseñanza, que serán obras corporativas del Opus Dei; características que, en gran parte, procuraremos que tengan también esos otros centros, promovidos y dirigidos por colaboradores de nuestro apostolado. 17

He dicho ya que nuestras obras corporativas de enseñanza serán *relativamente* pocas —será preciso atender a las circunstancias de la geografía, de la historia y del tiempo—, pero que habrá de todos los niveles y de todos los tipos: colegios de segunda enseñanza, facultades universitarias, escuelas técnicas y de capacitación profesional, escuelas del hogar, academias, institutos de idiomas, granjas-escuelas, etc.

También serán siempre pocos los socios de la Obra que trabajarán en esos centros: no podemos hacer como un alarde de personal, y conviene que —en la mayor parte de los casos— cada uno ejercite individualmente su profesión. Sería un error reunir a muchos de nuestra Familia en el mismo sitio, para trabajar profesionalmente en la misma actividad. Nosotros sentimos la necesidad de abrirnos en abanico, de hacernos presentes en todas partes, de llegar al mayor número posible de personas, de hacer que mucha gente colabore en nuestros apostolados.

Por tanto, en esos centros trabajarán pocos socios de la Obra. Han de ser sobre todo nuestros colaboradores y amigos, quienes se encarguen de la mayor parte de la labor docente: hombres y mujeres bien preparados profesionalmente, de buena conducta, que puedan entender la fisonomía propia de esa actividad apostólica, y que estén dispuestos a trabajar con empeño —siempre con la remuneración que sea justa, más que justa: generosa—, que de este modo conocerán mejor, practicarán y enseñarán a practicar el espíritu sobrenatural de la Obra.

Trabajarán allí católicos y no católicos, porque sentimos predilección por el apostolado *ad fidem*: personas nobles y leales que, al acercarse a nosotros con ocasión del trabajo profesional y sentirse ganadas por la amistad sincera y el cariño de mis hijos, irán perdiendo toda posible aversión o indiferencia hacia la Iglesia, y colaborarán gustosas en nuestro apostolado al menos por su valor humano; y que, con la oración y la mortificación de todos, y con una delicada y prudente catequesis, podrán llegar a recibir la gracia de la conversión y el gozo de la fe, sobre el fundamento de su rectitud, pudiéndose más tarde decir de ellos aquella alabanza que recogen los Hechos de los Apóstoles: *estaba instruido en el camino del Señor, y hablaba fervorosamente, y enseñaba con diligencia todo lo referente a Jesús*[27].

Se hará preciso, con el tiempo, organizar para esos maestros cursos de formación, en los que mejoren sus condiciones didácticas, cambien impresiones sobre las experiencias personales de su trabajo y se enciendan en deseos de aprovechar su tarea profesional, para hacer un apostolado eficaz en las almas de sus alumnos.

Aunque pocos, es necesario que haya siempre algunos miembros de la Obra en esos centros, porque no podemos dejar de tener el control de la dirección —espiritual, pedagógica y económica— de esas labores, de modo estable y garantizado. Si no fuera así, carecerían de eficacia apostólica y perderían, para nosotros, su razón de ser: porque el Opus Dei, corporativamente, no desarrolla ninguna actividad que no sea eminentemente apostólica.

18*

---

* Sobre el "control de la dirección": ver glosario (N. del E.).

[27] Hch 18,25.

Esa necesaria autonomía de dirección –exigida por nuestro afán de almas: *non quaero gloriam meam*[28], solo nos mueve la gloria de Dios–, comprenderá tanto lo que se refiere a la formación espiritual y humana que se imparte en el centro, como la disciplina interna y las actividades apostólicas que, desde ese centro, se desarrollen.

Será necesario, por consiguiente, al promover una de estas labores, estudiar detenidamente, de acuerdo con las particularidades del momento, los aspectos legales y técnicos, de modo que se evite la posibilidad de intervenciones extrañas, que mermen la autonomía de dirección o la condicionen.

Por eso, deberán establecerse normas precisas que aseguren también el respeto de la disciplina interna del centro y su labor de formación. No podemos tolerar, por ejemplo, que actividades culturales, artísticas, etc., que surjan alrededor del centro o de algún modo estén vinculadas a él, obstaculicen su buen funcionamiento: como no podemos tolerar en el cerebro o en otro órgano vital un cuerpo extraño –aunque sea un diamante– que entorpezca su función.

19   Precisamente porque todas nuestras obras corporativas han de ser eminentemente apostólicas,

---

[28] Jn 8,50.

estarán también abiertas a todos. No hacemos discriminación de ningún género, ni somos clasistas. Nos interesan todas las almas.

Por eso, aunque un centro determinado de enseñanza no esté destinado específicamente a personas de condición humilde o de escasos recursos económicos, se procurará *en todos los casos* que también esas personas puedan frecuentarlo o, al menos, beneficiarse de alguna forma de la labor docente y de formación que allí se realice.

Si se trata, por ejemplo, de colegios de segunda enseñanza, habrá clases para obreros, empleados, etc., en las horas convenientes —al terminar la jornada de trabajo, ordinariamente al final del día—, por lo menos varias veces por semana, si no es posible hacerlo todos los días. No se les cobrará prácticamente nada —algo sí deben pagar, porque conviene que les cueste un pequeño sacrificio económico—, y utilizarán los mismos edificios y el mismo material didáctico que se empleen para los demás alumnos. Alguna vez, también los profesores serán los mismos. De ordinario, la labor docente la llevarán colaboradores y amigos nuestros bien preparados y, cuando sea necesario, otros profesores regularmente contratados y bien pagados. En cualquier caso, esas clases se darán con la misma dedicación y el mismo empeño que las demás.

20*   ¡Qué espléndida labor apostólica vais a hacer, hijas e hijos míos, en esos centros! No solo penetrando de sentido cristiano vuestra actividad docente y todo el ambiente nacional e internacional de la enseñanza, sino además con un verdadero apostolado capilar con las familias y en todo el ámbito social que os rodee.

No ha de haber ninguna actividad promovida por el centro o vinculada a él, tanto si se desarrolla en su sede como si se hace fuera, que no sea siempre al mismo tiempo lugar de trabajo de las obras de San Rafael y de San Gabriel.

Vibrad, esforzaos por ser santos según el espíritu que Dios nos ha dado, y saldrá espontánea, como una necesidad de vuestra caridad apostólica, esa labor: *¡ay de mí si no evangelizara!*[29]. Sentid siempre, dondequiera que estéis, esa urgencia de poner en marcha, con hondura, los apostolados propios de la Obra: la labor de San Rafael y la de San Gabriel, que el Señor nos pide.

La formación de los alumnos

21   Unas palabras sobre los alumnos y las alumnas, que habéis de formar. Sois instrumentos de Dios,

---

* Sobre la relación de los colegios con la obra de San Rafael y de San Gabriel, ver glosario (N. del E.).

[29] 1 Co 9,16.

para una maravillosa obra de arte sobrenatural. Hacedlo a conciencia, puesta vuestra mirada en Cristo, que es el modelo. Los pintores, en efecto, poniéndose delante la tabla cada día, la van pintando y repintando convenientemente. Y lo mismo hacen los que pulen la piedra, que quitan lo superfluo, o añaden lo que falta. Así, ni más ni menos, vosotros: estáis labrando estatuas. Todo vuestro tiempo ha de consagrarse a preparar, para Dios, estas estatuas maravillosas. Cercenad lo superfluo, añadid lo que convenga, y examinad todos los días qué buenas cualidades tienen naturalmente, a fin de aumentarlas, y qué defectos también les vienen de la naturaleza, para corregirlos.

Desarrollad la personalidad de los estudiantes, ayudándoles a administrar con rectitud y sentido sobrenatural su libertad, proporcionándoles los medios para vencer en la lucha ascética, dándoles doctrina, formación sólida, criterio *para no ser ya niños, que fluctúan y se dejan llevar de todo viento de doctrina por el engaño de los hombres, que para engañar emplean con astucia los artificios del error, sino que, al contrario, abrazados a la verdad, en todo crezcan en caridad, llegando a Aquel que es nuestra Cabeza, Cristo*[30].

Nosotros respetaremos siempre *la libertad de las conciencias*, y jamás obligaremos a nadie a

---

[30] Ef 4,14-15.

tener un director espiritual determinado, que es cosa opuesta a nuestro espíritu porque no somos exclusivistas, ni dificultaremos la labor de cualquier sacerdote o religioso que desee trabajar con las almas. Por eso, exigiremos también que los demás respeten nuestro derecho a atender las almas; y el derecho de los que se acercan a nuestros apostolados, porque libremente lo desean.

22   En vuestra labor, tened muy en cuenta a los padres. El colegio –o el centro docente de que se trate– son los chicos y los profesores y las familias de los chicos, en unidad de intenciones, de esfuerzo y de sacrificio. Esta es una de las razones por las que, en los centros que no sean de grado superior y, en general, si los alumnos son todavía muy jóvenes, no tendremos nunca internado: los chicos deben estar con sus padres; internado, solo para mayores, y con las puertas bien abiertas.

Buscamos hacer el bien primero a las familias de los chicos, luego a los chicos que allí se educan y a los que trabajan con nosotros en su educación, y también nos formamos nosotros al formar a los demás. Los padres son los primeros y principales educadores[31], y han de llegar a ver el centro como una prolongación de su familia.

---

[31] Cfr. Pío XI, enc. *Divini illius Magistri*, p. 59.

Para eso es preciso tratarles, hacerles llegar el calor
y la luz de nuestra tarea cristiana. Tened en cuenta además que, de otra forma, podrían fácilmente
destruir —por descuido, por falta de formación o
por cualquier otro motivo— toda la labor que los
profesores hagan con los estudiantes.

Nuestro apostolado —repetiré mil veces— es   23
siempre trabajo profesional, laical y secular: y
esto deberá manifestarse, de modo inequívoco,
como una característica esencial, también —y
aun especialmente— en los centros de enseñanza
que sean una actividad apostólica corporativa de
la Obra.

 Siempre se tratará, pues, de centros promovidos por ciudadanos corrientes —miembros
de la Obra o no—, como una actividad profesional, laical, en plena conformidad con las leyes
del país, y obteniendo de las autoridades civiles
el reconocimiento que se concede a las mismas
actividades de los demás ciudadanos. Además,
de ordinario se promoverán con la condición expresa de que no sean nunca considerados como
actividades oficial u oficiosamente católicas, es
decir, con dependencia directa de la jerarquía
eclesiástica.

 No serán centros de enseñanza, que la Iglesia jerárquica fomenta y crea de distintos modos,
conforme al derecho inviolable que le confiere

su misión divina; sino iniciativas de los ciudadanos, en uso de su derecho de ejercer una actividad de trabajo en los distintos campos de la vida social y, por tanto, en la enseñanza. Y en uso del derecho de los padres de familia, a educar cristianamente a sus hijos: *porque la familia tiene inmediatamente del Creador la misión y por lo tanto el derecho de educar a la prole, derecho inalienable por estar inseparablemente unido a una estricta obligación, derecho anterior a cualquier otro derecho de la sociedad civil y del Estado, y por lo mismo inviolable por parte de toda potestad terrena* [32]. El Estado debe asegurar el ejercicio de ese derecho, facilitando los medios, vigilando del modo oportuno para que se ejerza con rectitud, y debe completarlo donde los padres por sí o por otros no puedan llegar, o donde claramente lo exija el bien común. *Por lo tanto, es injusto e ilícito todo monopolio educativo o escolar, que fuerce física o moralmente a las familias a acudir a las escuelas del Estado contra los deberes de la conciencia cristiana, o contra sus legítimas preferencias* [33].

24 Está claro, pues, que las labores corporativas de la Obra no podrán ser nunca consideradas como labores oficial u oficiosamente eclesiásticas; ni

[32] *Ibid.*, p. 59.
[33] *Ibid.*, p. 64.

podrán agruparse o clasificarse de alguna forma
–y con ningún pretexto– con instituciones de
este tipo. De la misma manera, los represen-
tantes o los profesores de esos centros de enseñanza nunca formarán parte de organismos,
asociaciones o federaciones que agrupen a centros eclesiásticos o religiosos, ni participarán en
reuniones, congresos, etc., organizados por estas
entidades.

Esta manera de proceder, hijas e hijos
míos, es una exigencia fundamental de nuestro
espíritu: porque nuestro apostolado es eminentemente laical, y no podemos emprender ninguna actividad que implique una transigencia en
este punto. Además es también exigencia –por
eso nos ha dado el Señor este espíritu– de la
mayor eficacia de nuestro trabajo apostólico, en
servicio de la Iglesia y de todas las almas.

Y así, nuestros centros de enseñanza no
comprometerán jamás a la Jerarquía eclesiástica,
aunque en ellos se imparta una sólida formación
cristiana y se sigan con esmero las orientaciones
del Magisterio en materia de enseñanza. Nuestra labor es de seglares católicos y responsables,
que usan en servicio de Dios todos sus derechos
de ciudadanos corrientes y sienten en su alma
la urgencia de la misión apostólica, que todos
los fieles cristianos tienen, como miembros del
Cuerpo de Cristo.

25   ¿Y los medios económicos para toda esa labor? La Obra es pobre –lo será siempre– y no puede sostener estos gastos. Pero tenemos un sistema encantador, que consiste en crear esos instrumentos apostólicos con el dinero de los demás: de los padres de los alumnos, de los colaboradores, de los amigos, a quienes se asegurará una renta justa, por el capital que hayan invertido, y se les ofrecerá la ocasión de cooperar activamente y con generosidad para su mismo bien, para el bien de sus familias y para el bien de la sociedad, en una fecunda labor cristiana.

De este modo, además, el centro de enseñanza será algo suyo, que defenderán como ciudadanos, si llega el momento de tener que defenderlo; y fácilmente extenderán su colaboración a los demás aspectos –y no solo al económico– de la actividad docente y apostólica, como *cooperadores de la verdad*[34].

Por otra parte, será justo contar con las ayudas y subvenciones, que el Estado tiene la obligación de conceder a este género de instituciones, por el servicio que prestan a la sociedad: porque *principalmente corresponde al Estado, en orden al bien común, promover de muchas maneras la educación y la instrucción de la juventud. Ante todo y directamente, favoreciendo y*

---

[34] 3 Jn 8.

*ayudando a la iniciativa y a la acción de la Iglesia
y de las familias* [35].

Se podrá pensar también en la colaboración económica de entidades privadas —industriales o de otro género—, a cambio de trabajos de investigación científica, útiles para su actividad o para sus fines. Esta colaboración, mutuamente provechosa, deberá quedar vinculada al centro docente de que se trate, y no al profesor o al grupo de profesores que en un momento determinado trabaje allí: de este modo se garantiza la continuidad, y se facilita también una mayor retribución económica para todos los que trabajen profesionalmente en esas obras corporativas.

Las Residencias universitarias

Entre las labores corporativas de la Obra en el   26
campo de la enseñanza —que serán muy variadas: también aquí puedo deciros que es *un mar sin orillas*—, no han de faltar nunca las Residencias universitarias, instrumentos espléndidos para el apostolado de la doctrina, que hemos procurado tener desde el comienzo.

Quiero ahora recordaros, hijas e hijos queridísimos, algunas características de este importante

---

[35] PÍO XI, enc. *Divini illius Magistri*, p. 63.

trabajo apostólico, en el que con tanto fruto venís trabajando muchos de vosotros, llenos de amor de Dios y con espíritu de sacrificio. Los que conmigo habéis vivido el principio de esta labor, sabéis que no es un trabajo fácil, pero también habéis tenido ya tiempo de ver su necesidad y de agradecer a Dios la eficacia apostólica de esta tarea. A los demás, a cada uno, cuando haya de experimentar las dificultades iniciales, digo con el Apóstol: *el labrador ha de fatigarse antes de percibir los frutos. Entiende bien lo que quiero decir, porque el Señor te dará la inteligencia de todo*[36].

27 Nuestras Residencias reúnen, en un ambiente sereno de familia cristiana y de estudio, a jóvenes universitarios decididos a dedicarse seriamente a su preparación profesional y dispuestos a mejorar su formación humana y, si son cristianos, su vida sobrenatural.

El ambiente de familia es un elemento esencial de la Residencia, que no puede faltar nunca, que es indispensable para el apostolado. Por eso, es necesario cuidar –desde el primer año de su funcionamiento– la selección de los residentes. A muchos, se les deberá haber conocido previamente a través de la obra de San Rafael, *que debe preceder, acompañar y seguir* toda actividad

---

[36] 2 Tm 2,6-7.

corporativa de apostolado con la juventud. No importa si al principio no se llenan todas las plazas disponibles: en cuanto el primer grupo de residentes haya comenzado a vivir nuestro espíritu y se haya formado *nuestro* ambiente, la Residencia se llenará, y no habrá plazas suficientes para atender todas las peticiones que lleguen.

Por la misma razón, para conservar el tono de familia de que vengo hablando, si la Residencia fuese muy grande, se hará necesario formar grupos reducidos, como si fueran distintos vecinos de la misma casa; y la misma disposición del edificio deberá acomodarse a este criterio.

Los residentes, por su parte, han de saber que —al ser admitidos— se establece un acuerdo entre la Residencia y ellos, y que contraen así unas precisas obligaciones, correlativas a los derechos que adquieren. La Residencia les ofrece los medios de formación —cultural, humana y religiosa—; un ambiente de familia y de estudio, alegre y sereno; y unas condiciones dignas de alojamiento, alimentación, servicio, etc. Y ellos se obligan a respetar las normas del reglamento, que son bien poca cosa, y que no constituyen ninguna disminución de su libertad: al contrario, son precisamente una manifestación de su recto ejercicio, para quien tenga la suficiente madurez humana.

Habéis de procurar que todos los residentes colaboren desde el principio y activamente en el buen funcionamiento de la labor: que se sientan en su casa, con responsabilidad, sin interferir en el gobierno que corresponde solo a la dirección de la Residencia, y sin pretender alterar el espíritu que la anima. *Que aprendan a ejercitarse en buenas obras, para atender a las apremiantes necesidades, y que no sean hombres infructuosos*[37].

A nuestras Residencias nadie viene forzado, sino libremente. Y el que viene, sabe que tenemos un espíritu determinado y un cristiano modo de vivir. No puede nadie pretender, en nombre de un falso concepto de la libertad, que la vida en la Residencia se adapte a las pretensiones de alguno que quisiera llevar, *dentro* de nuestra casa, una conducta que no fuera noble y digna. Si un estudiante no se encuentra bien en el ambiente de la Residencia, habrá que aconsejarle que vaya a otro sitio, al mismo tiempo que se le asegura que podrá contar siempre con nuestra amistad y con nuestra ayuda.

Nosotros respetamos la libertad de todos —incluida la de quien no encaja en nuestro plan de trabajo—, y es justo que los residentes respeten nuestra libertad, para disponer las cosas como mejor nos parezca: es preciso que todos vivamos

---

[37] Tt 3,14.

como libres, y no como quien tiene la libertad por co-
bertura de la maldad, sino como siervos de Dios[38].

Decía que nuestras Residencias son lugares de   29
formación humana y espiritual, donde los estudiantes adquieren la honda persuasión de que,
como buenos ciudadanos y como buenos católicos, tienen el deber grave de alcanzar una sólida
formación profesional.

De ahí, que sea necesario un ambiente de estudio intenso y constante, que todos deben contribuir a mantener. Habrá que conseguir de nuestros
amigos y colaboradores, y también de los residentes más antiguos, que pongan con alegría parte de
su tiempo a disposición de los estudiantes más jóvenes, para orientarles y ayudarles en su estudio, y
para facilitar de este modo su formación profesional. En este y en los demás aspectos de la vida de la
Residencia, es muy importante que los residentes
colaboren con generosidad, sintiéndose responsables de los demás y de la marcha de la casa.

Nuestras Residencias nacen todas con un defecto   30*
original: porque destinamos espacios no peque-
ños a esos locales que deben servir para la labor

---

* Sobre la "Administración", ver glosario (N. del E.).
[38] 1 P 2,16.

de formación: oratorio, sala de estudio, biblioteca, salas de estar, etc.; sin contar, además, la casa destinada a la Administración. Esto, entre otras cosas, supone un peso económico muy grande, bastante mayor que el de las demás Residencias universitarias.

La Obra es y será pobre: vivimos de nuestro trabajo. Sin embargo, no dejaremos nunca de poner Residencias, porque son un instrumento prácticamente necesario para el apostolado de la doctrina, que tenemos la obligación de hacer; y no ahorraremos sacrificios, para poder cumplir gustosamente con este deber. *Quaerite primum regnum Dei, et iustitiam eius: et haec omnia adiicentur vobis*[39]; buscad con rectitud de intención el cumplimiento de la voluntad de Dios, su gloria en servicio de todas las almas, y no nos faltarán los medios necesarios.

Conclusión: eficacia del apostolado en el campo de la enseñanza

31 Hijas e hijos queridísimos, la labor apostólica, que nos espera en el campo de la enseñanza, es inmensa y urgente. *Vosotros sois la luz del mundo. No puede ocultarse una ciudad asentada sobre un monte, ni se enciende una lámpara y se la pone bajo el celemín,*

---

[39] Lc 12,31.

sino sobre el candelero, para que alumbre a todos los que hay en la casa. Así ha de lucir vuestra luz ante los hombres, para que, viendo vuestras buenas obras, glorifiquen a vuestro Padre, que está en los cielos [40].

Rezad y trabajad con sentido sobrenatural y con alegría, amorosamente fieles a vuestra vocación, esforzándoos por ser santos, que este es el fundamento de toda eficacia apostólica. Estudiad con seriedad, adquirid una sólida y profunda preparación profesional, procurad mejorar cada día vuestra formación doctrinal. Tened la firme esperanza de que el Señor, que está empeñado en que se haga la Obra de Dios sobre la tierra, hará pronto realidad estos sueños que Él mismo pone en nuestro corazón, y su luz penetrará todos los sectores de la enseñanza.

Que Nuestra Madre Santa María, *Sedes Sapientiae*, os bendiga: y que su intercesión os acompañe siempre en vuestro camino de apóstoles, portadores de luz, de paz y de alegría.

Madrid, 2 de octubre de 1939

---

[40] Mt 5,14-16.

GLOSARIO
de algunos términos y expresiones
usadas por san Josemaría

«actividad laical y secular»: se refiere a la profesión docente de un miembro del Opus Dei, que no enseña solamente movido por el deseo de realizar un apostolado eficacísimo, sino porque desea ejercitar su profesión, dando gloria a Dios. Como cualquier otro cristiano, puede y debe santificar esa noble actividad, y tratar de acercar a sus alumnos a Dios, dando una visión y un criterio cristianos acerca de muchos aspectos filosóficos, históricos, éticos, etc. que son objeto de su enseñanza. Pero esto no quita que el trabajo profesional deba regirse por sus propios principios humanos, independientemente del apostolado que con él se realiza. Para Escrivá, la vocación profesional y la vocación a la santidad confluyen en la persona, pero son distintas. Aquí encuentra una diferencia con quienes, con vocación a la vida consagrada, se dedican también a ese trabajo. Para san Josemaría, el laico del Opus Dei no está llamado a trabajar en la enseñanza como consecuencia de *su vocación a la santidad*

sino *por su propia vocación profesional*. No es un mero apostolado, sino un trabajo civil que obtiene resultados apostólicos. Quería que las realidades seculares se elevaran a Dios sin dejar de ser lo que son: trabajo laical de seglares responsables y al mismo tiempo atentos a la trascendencia cristiana de su tarea. (5,7)

Administración: conjunto de tareas de atención a la persona y gestión doméstica que dirigen las mujeres del Opus Dei, encaminadas a lograr un verdadero ambiente de hogar cristiano a través de ese trabajo profesional, que es además un camino de santificación y de apostolado. (5,30)

centros dirigidos por la Obra: en las "obras corporativas", el Opus Dei se hace responsable de la orientación cristiana, y en ese sentido se puede decir coloquialmente que los *dirige*. No controla necesariamente su gestión, sino que inspira sus valores, vivificando cristianamente esas actividades, proporcionando una garantía moral y una asistencia pastoral específica, y, en este sentido, se puede afirmar que las *dirige* en el plano espiritual. (5,13)

colaboradores: actualmente se denomina "cooperadores" a quienes se benefician de la formación cristiana de la obra de San Gabriel –sin ser miembros del Opus Dei– y ayudan con su oración, su limosna y a veces con su trabajo a las labores apostólicas que impulsan los fieles de la prelatura con otras personas. (5,13; 5,17; 5,19; 5,25; 5,29)

(control) *el control de la dirección:* se refiere a que personas formadas en el espíritu de la Obra –normalmente los mismos propietarios o gestores del ente en cuestión– deben poder garantizar con su trabajo e influencia que tal instrumento no se aparte de la finalidad profesional y apostólica para el que fue creado, de acuerdo con los propios estatutos, como es habitual en múltiples organizaciones, católicas o no (5,18)

luchemos en nuestra vida interior: para san Josemaría, la "lucha ascética", es decir, el mejoramiento espiritual, está motivada por el amor a Dios y al prójimo, no por un mero deseo de autocontrol y perfeccionamiento personal (5,21)

mentalidad laical: expresión de significado muy rico en san Josemaría, expresa su rechazo al clericalismo y al mismo tiempo su amor al mundo, que Dios ha dado a los cristianos para que lo santifiquen; no debe confundirse con "mentalidad laicista", la propia de quien se opone a que la religión tenga relevancia pública. (5,4)

obras de San Rafael y de San Gabriel: son labores específicas de evangelización y formación cristiana que el Opus Dei desarrolla para la juventud (obra de San Rafael) o para personas adultas (obra de San Gabriel).

Son independientes de la formación cristiana que se imparte en los colegios, y suelen desarrollarse en centros juveniles, casas de retiro, etc., aunque también a veces –en el caso de los padres– en las instalaciones del propio colegio, pero fuera del horario escolar. (5,20)

perfección cristiana: es un modo de llamar a la búsqueda de la unión con Cristo, a la identificación con Él, propia de cualquier estado de vida, que para san Josemaría es clave en la aspiración a la santidad cristiana; no se debe confundir con el perfeccionismo, ni con la búsqueda de una excelencia espiritual elitista y meramente humana, con las que tiene poco que ver. (5,4)

(religiosos) *no convendrá que trabajemos con los religiosos*: san Josemaría quiere animar a los laicos a que trabajen también en ambientes educativos alejados de Dios, para llevar allí la luz del Evangelio, sin querer refugiarse en ambientes oficialmente católicos para desempeñar su trabajo. Deseaba que los colegios promovidos por personas del Opus Dei no aparecieran como *oficialmente católicos* o confesionales, abiertos a creyentes o no, aunque sus valores estén firmemente inspirados en la doctrina de Cristo. Escrivá tuvo siempre cariño y fuertes lazos de comunión con los religiosos, como demuestran tantos testimonios, pero no quería que los miembros del Opus Dei terminaran por ser equiparados a ellos, haciendo más difícil –si no imposible– su trabajo en una sociedad secularizada. (5,9; 5,24)

ESTE LIBRO, PUBLICADO POR
EDICIONES RIALP, S. A.,
MANUEL URIBE 13-15, 28033 MADRID,
SE TERMINÓ DE IMPRIMIR EN
ANZOS, S. L. FUENLABRADA (MADRID),
EL DÍA 28 DE MARZO DE 2024.